工会工作知识题库系列丛书

U0866494

工会权益保障工作知识题库

学习强会 编

中国工人出版社

图书在版编目（CIP）数据

工会权益保障工作知识题库 / 学习强会编 . —
北京：中国工人出版社，2023.6
ISBN 978-7-5008-8194-0

Ⅰ . ①工…　Ⅱ . ①学…　Ⅲ . ①工会工作 - 权益保护 - 中国 - 干部培训 - 习题集　Ⅳ . ① D412.6-44

中国国家版本馆 CIP 数据核字（2023）第 099619 号

工会权益保障工作知识题库

出 版 人　董　宽
责任编辑　邢　璐
责任校对　张　彦
责任印制　栾征宇
出版发行　中国工人出版社
地　　址　北京市东城区鼓楼外大街45号　邮编：100120
网　　址　http://www.wp-china.com
电　　话　（010）62005043（总编室）
（010）62005039（印制管理中心）
（010）62382916（工会与劳动关系分社）
发行热线　（010）82029051　62383056
经　　销　各地书店
印　　刷　北京市密东印刷有限公司
开　　本　787毫米 × 1092毫米　1/32
印　　张　4
字　　数　55千字
版　　次　2023年7月第1版　2023年7月第1次印刷
定　　价　16.00元

目　录
CONTENTS

001
单项选择题

073
多项选择题

115
参考答案

单项选择题

扫码闯关答题

1. 工会权益保障工作事关广大职工最关心、最直接、最现实的利益，在推动构建和谐劳动关系、促进经济持续健康发展和社会和谐稳定中具有极为重要的作用，在整个工会维权工作中处于（　）的地位。

A. 次要和辅助　　B. 独特和关键

C. 首要和基础　　D. 重要和核心

2. 在劳动者的合法权益中，（　）是最基本的权益。

A. 民主政治权益　　B. 精神文化权益

C. 社会权益　　D. 劳动经济权益

3. 20 世纪 90 年代，我国提出了建立社会主义市场经济体制的目标，在劳动和社会保障领域陆续出台了一系列法律、法规和政策。1994 年（　）月，全国人大常委会颁布了《劳动法》。

A. 7　　B. 8　　C. 9　　D. 10

4. 2010 年 10 月 28 日，十一届全国人大常委会第十七次会议审议通过了（　），这是我国第一部社会保障领域的基本法。

A.《劳动合同法》

B.《劳动争议调解仲裁法》

C.《社会保险法》

D.《就业促进法》

5. 新时代以来，工会从制度上源头上保障和发展职工群众利益，（　）取得新成效。

A. 就业服务　　B. 帮扶工作

C. 源头参与　　D. 协调劳动关系

6. 新时代以来，工会贯彻落实就业优先战略和（　），就业服务工作取得新进展。

A. 积极就业政策　　B. 稳定就业政策

C. 统包统配就业政策　　D. 扶持就业政策

7. 积极发挥家政服务业吸纳就业作用，自 2020 年起，全国总工会每年组织开展（　）推树活动，得到广大家政服务人员的积极响应。

A. “最美家政人”　　B. “家政明星”

C. “家政模范”　　D. “最美家政服务员”

8. 新时代以来，工会巩固拓展城市困难职工解困脱困成果，构建（　）常态化帮扶新格局。

A. 全方位　　B. 立体化

C. 深层次　　D. 多层次

9. 全国总工会将（　）权益保障和建会入会作为当前工作重点，扎实推进相关工作。

A. 外卖员　　B. 快递员

C. 新就业形态劳动者　　D. 农民工

10. 工资收入分配领域仍然存在一些亟待解决的问题，（　）占初次分配的比重依然偏低。

A. 资本所得　　B. 劳动报酬

C. 财政收入　　D. 企业收入

11. 劳动就业是指（　）运用生产资料从事合法社会劳

动，并获得相应劳动报酬或经营收入的经济活动。

A. 劳动者　　B. 成年人

C. 具有工作能力的人　　D. 具有劳动能力的人

12. （　）在全面、准确、及时反映我国宏观经济运行情况、劳动力市场资源配置状况、服务宏观管理和科学决策方面必不可少。

A. 隐蔽失业率　　B. 周期失业率

C. 登记失业率　　D. 调查失业率

13. 我国的（　）是根据不同时期的社会劳动力供求情况以及社会经济、政治状况，为充分利用劳动力资源和实现劳动力供求基本平衡所确定的指导就业工作的总原则。

A. 劳动就业方针　　B. 劳动市场方针

C. 就业指导方针　　D. 市场经济方针

14. 下列不属于我国劳动就业原则的是（　）。

A. 国家促进就业　　B. 平等就业

C. 竞争就业　　D. 用人单位选择劳动者

15. 我国（　）第四十二条第一款规定："中华人民共和国公民有劳动的权利和义务。"

A.《劳动法》　　B.《就业促进法》

C.《劳动者权益保护法》　　D.《宪法》

16. 从劳动关系的角度划分，劳动就业可分为正规就业和（　）。

A. 灵活就业　　B. 短期就业

C. 派遣就业　　D. 独立就业

17. 当前国际环境发生深刻变化，就业工作面临的不确定性、不稳定性依然较多，难点和风险不容忽视，（　）压力依然存在，就业结构性矛盾进一步加剧。

A. 就业存量　　B. 就业增长

C. 就业总量　　D. 就业稳定

18. （　）又称"劳动契约"、"劳动协议"，是劳动者与用人单位为确立劳动关系，明确双方的权利、义务和责任而订立的协议。

A. 工作合同　　B. 劳动合同

C. 劳务合同　　D. 派遣合同

19. 《劳动合同法》第十条规定："建立劳动关系，应当订立书面劳动合同。已建立劳动关系，未同时订立书面劳动合同的，应当自用工之日起（　）内订立书面劳动合同。"

A. 一个月　　B. 两个月

C. 三个月　　D. 六个月

20. 劳动合同的签订双方一方是劳动者，另一方是用人单位的（　）。

A. 负责人

B. 法定代表人

C. 法定代表人或者法定代表人的授权委托人

D. 负责人或负责人的授权委托人

21. 同一用人单位与同一劳动者只能约定（　）试用期。

A. 一次　　B. 两次　　C. 三次　　D. 六次

22. 以完成一定工作任务为期限的劳动合同或者劳动合

同期限不满（ ）的，不得约定试用期。

A. 1 个月　　B. 3 个月

C. 6 个月　　D. 12 个月

23. 以下关于劳动合同的履行和变更，说法错误的是（ ）。

A. 用人单位应当严格执行劳动定额标准，不得强迫或者变相强迫劳动者加班

B. 用人单位变更名称、法定代表人、主要负责人或者投资人等事项，不影响劳动合同的履行

C. 变更劳动合同必须在原劳动合同的有效期内进行

D. 劳动者拒绝用人单位管理人员违章指挥、强令冒险作业的，视为违反劳动合同

24. 以下情况中，不属于劳动者可以与用人单位解除固定期限劳动合同、无固定期限劳动合同或者以完成一定工作任务为期限的劳动合同的是（ ）。

A. 用人单位未及时足额支付劳动报酬的

B. 用人单位违反法律、行政法规强制性规定的

C. 劳动者与用人单位协商一致的

D. 劳动者提前20日以书面形式通知用人单位的

25. 以下情况中，不属于用人单位可以与劳动者解除固定期限劳动合同、无固定期限劳动合同或者以完成一定工作任务为期限的劳动合同的是（　）。

A. 劳动者在试用期间被证明不符合录用条件的

B. 劳动者同时与其他用人单位建立劳动关系，经用人单位提出后改正的

C. 劳动者不能胜任工作，经过培训或者调整工作岗位，仍不能胜任工作的

D. 用人单位依照企业破产法规定进行重整的

26. 工会干部的劳动合同受到特殊保护。（　）年修正后的《工会法》第十八条作出明确规定，支持基层工会干部大胆维护职工合法权益，防止企业对工会干部维权行为进行打击报复。

A. 2001　　B. 2002　　C. 2003　　D. 2004

27.《劳动合同法》及其实施条例规定劳动合同终止不包括以下哪种情形：（　）。

A. 劳动合同期满的

B. 劳动者开始依法享受基本养老保险待遇的

C. 劳动者死亡，或者被人民法院宣告死亡或者宣告失踪的

D. 劳动者丧失或者部分丧失劳动能力的

28. 用人单位应当在解除或者终止劳动合同时出具解除或者终止劳动合同的证明，并在（　）日内为劳动者办理档案和社会保险。

A. 5　　B. 10　　C. 15　　D. 30

29. 根据我国《劳动法》和（　）的相关规定，解决劳动争议，应当根据事实，遵循合法、公正、及时、着重调解的原则，依法保护当事人的合法权益。

A.《劳动合同法》

B.《劳动争议调解仲裁法》

C.《劳动者权益保护法》

D.《民事诉讼法》

30. 劳动争议申请仲裁的时效期间为（　）。

A. 3 个月　　B. 6 个月

C. 1 年　　D. 3 年

31. 1886 年 5 月 1 日，在美国和加拿大行业及劳工工会联合会的号召下，以芝加哥为中心的许多城市的 35 万名工人举行了声势浩大的游行或罢工，打出（　）的口号。

A. “工作 6 小时”

B. “工作 8 小时”

C. “我们不是机器”

D. “面包与玫瑰，我们都要”

32. 根据多年的实践和我国经济建设发展状况，按照《劳动法》和《国务院关于职工工作时间的规定》的规定，职工每日工作时间不超过 8 小时，平均每周工作时间不超过（　）。

A. 38 小时　　B. 40 小时

C. 42 小时　　D. 44 小时

33. 全体公民放假的法定节假日一共（　）天。

A. 8　　B. 9　　C. 10　　D. 11

34.《职工带薪年休假条例》规定，机关、团体、企业、事业单位、民办非企业单位、有雇工的个体工商户等单位的职工连续工作（　）以上的，享受带薪年休假。

A. 1 年　　B. 3 年

C. 3 个月　　D. 6 个月

35.《女职工劳动保护特别规定》规定，对怀孕（　）以上的女职工，用人单位不得延长劳动时间或者安排夜班劳动，并应当在劳动时间内安排一定的休息时间。

A. 3 个月　　B. 5 个月

C. 7 个月　　D. 9 个月

36. 以下选项中，（　）不属于在职培训。

A. 学徒培训　　B. 技术等级培训

C. 创业培训　　D. 岗位练兵、技术比武

37. 1994 年颁布的（　）明确规定了劳动者享有职业培训权。

A.《劳动合同法》

B.《劳动法》

C.《国务院关于大力推进职业教育改革与发展的决定》

D.《就业训练规定》

38. 在我国现行劳动法律法规体系中，直接涉及就业的综合类劳动立法是（　）。

A.《劳动合同法》　　B.《就业促进法》

C.《职业教育法》　　D.《劳动法》

39. （　）年开始，党中央、国务院决定把下岗职工基本生活保障和再就业的有关政策发展为“积极的就业政策”。

A. 2002　　B. 2003　　C. 2004　　D. 2005

40. （　）年《政府工作报告》首次将就业优先政策

置于宏观政策层面，旨在强化各方面重视就业、支持就业的导向，提出加强宏观政策的协调配合，就业优先政策全面发力。

A. 2015　　B. 2017　　C. 2019　　D. 2022

41. （　）年，中国正式批准了国际劳工组织 1958 年通过的《关于就业及职业歧视的公约》（第 111 号公约）。

A. 2002　　B. 2006　　C. 2008　　D. 2012

42. 《劳动法》第十五条规定："禁止用人单位招用未满（　）周岁的未成年人。"

A. 十二　　B. 十四

C. 十六　　D. 十八

43. "体面劳动"是 1998 年第（　）届国际劳工大会上，由国际劳工组织总干事索马维亚提出的国际劳工组织具有全球意义的战略口号。

A. 85　　B. 86　　C. 87　　D. 88

44. 截至 2022 年，我国政府已经批准国际劳工公约

（ ）项。

A. 20　　B. 23　　C. 25　　D. 28

45. 在一般市场经济中，工会作为劳动力市场供给方利益的代表，追求的目标不包括（ ）。

A. 合理的劳动待遇

B. 促进国家的相关政策法规在企业得到切实执行

C. 就业机会的公平性、安全性、有效性和稳定性

D. 就业的不断扩大和比较充分的就业

46. 工会推动积极就业政策，促进就业工作相关活动包括（ ）。

A. 全国工会就业创业服务系列活动

B. 技能培训促就业行动

C. 工会创业小额贷款

D. 以上选项都是

47. 以下关于“工资”的说法，不正确的是（ ）。

A. 是劳动者付出劳动以后，以货币形式得到的劳动报酬

B. 支付者为雇主，收入者为雇员

C. 支付工资多少的依据是劳动者已完成和将要完成的工作

D. 工资支付的方式均应以货币结算并支付报酬或收入

48. （　），即以货币表示的工资数量。

A. 税后工资　　B. 实得工资

C. 实际工资　　D. 货币工资

49. （　），指在消除居民消费价格上涨和捐税加重等因素以后实际得到的工资。

A. 实际工资　　B. 货币工资

C. 名义工资　　D. 实得工资

50. 计时工资主要适用于以下哪种工作：（　）。

A. 劳动成果难以直接反映劳动者技术业务水准高低和努力程度的工作

B. 产品质量容易检查的工种

C. 能够准确制定先进合理的劳动定额，并能准确

反映劳动者劳动消耗量的工种

D. 工人工作的性质就是增加产品数量的工作

51. 在市场经济条件下，影响工资确定的内在因素不包括（ ）。

A. 生活费用水平　　B. 劳动者的劳动

C. 劳动者工作岗位的特点　D. 劳动者的工作年限

52. 工资确定的最基本的依据是（ ）。

A. 企业发展　　B. 满足发展需要

C. 经济水平　　D. 满足生活需要

53. 依据基础标准确定工资时，可以采用以下哪种方式：（ ）。

A. 理论估算法　　B. 家庭预算调查法

C. 比较法　　D. 以上选项都是

54. 以下关于最低工资的说法，错误的是（ ）。

A. 国家实行最低工资保障制度，最低工资的具体标准由省、自治区、直辖市人民政府规定

B. 最低工资标准一般采取月最低工资标准和小时

最低工资标准的形式

C. 最低工资标准包括加班加点工资

D. 最低工资标准每两年至少调整一次

55. （　）年《最低工资规定》修订后，当年最低工资标准大幅上调。

A. 2004　B. 2005　C. 2006　D. 2007

56. 1987 年，（　）报告正式提出了坚持按劳分配为主、其他分配方式为补充的分配原则，允许其他生产要素参与分配。

A. 党的十二大　B. 党的十三大

C. 党的十四大　D. 党的十五大

57. 劳动部在 20 世纪 90 年代初向企业推行了（　），使之成为企业内部分配的主要形式和基本工资制度。

A. “岗位效益工资制”　B. “八级工资制”

C. “岗位技能工资制”　D. “岗位薪点工资制”

58. 自 20 世纪 90 年代以来，我国加快了有关工资分配方面立法的步伐。以下哪项不属于工资立法体系：（　）。

A.《劳动法》　　　　　B.《最低工资规定》

C.《集体合同规定》　　D.《劳动权益保护法》

59.《劳动法》第（　）章专门就工资问题的五大方面作出了规定，主要内容包括：工资分配原则、工资水平增长及工资总量宏观调控、用人单位工资水平确定及工资分配形式、国家实行最低工资保障制度、建立工资支付制度等。

A. 二　　B. 三　　C. 四　　D. 五

60. 1993年，劳动部制定颁布了（　），这是我国在最低工资保障制度方面的第一个部颁规章。

A.《最低工资规定》

B.《企业最低工资规定》

C.《关于进一步健全最低工资制度的通知》

D.《关于实施最低工资保障制度的通知》

61. 2019年，国务院发布了（　），开启了依法治理欠薪的发展阶段。

A.《保障农民工工资支付条例》

B.《工资支付暂行规定》

C.《对〈工资支付暂行规定〉有关问题的补充规定》

D.《关于全面治理拖欠农民工工资问题的意见》

62. 当前，工会工资工作的基本内容不包括（　）。

A. 推动政府有关部门建立和完善最低工资保障制度

B. 推动建立企业内部分配的民主参与、民主监督机制

C. 单方面决定企业内部工资分配

D. 参与国家和地方有关工资分配的法律、法规和政策的研究制定，从源头上维护职工合法权益

63. 总的来看，经过多年的努力，与市场经济要求相适应的（　）的企业分配机制已初步形成。

A. 政府监督调节、企业自主分配、职工民主参与、市场机制指导

B. 政府主导分配、企业参与管理、职工民主参与、市场机制调节

C. 市场自主分配、企业参与管理、职工民主参与、政府监督指导

D. 市场机制调节、企业自主分配、职工民主参与、政府监督指导

64. 关于企业工资收入分配中存在的亟待解决的矛盾和问题，以下说法正确的是（　）。

A. 中等收入群体占比大、收入长期偏低，抵御风险能力弱

B. 工资呈现负增长

C. 侵犯职工劳动报酬权益问题依然存在

D. 工会对企业工资分配的宏观调控和管理作用有待加强

65. 在当前工会工资工作重点中，关于如何积极参与宏观分配体制改革，推动建立职工工资合理增长机制，以下说法错误的是（　）。

A. 推动最低工资保障制度的完善

B. 推动工资指导线制度不断完善

C. 尽快制定出台有关政策措施规范企业劳动定额管理

D. 促进消除各种形式的体制性障碍，建立统一开放的劳动力市场，实现同工同酬

66. 当前，要建立和完善以（ ）为主要形式的企业工资决定机制。

A. 工资总额确定制度

B. 工资集体协商制度

C. 工资与效益联动制度

D. 工资分配信息公开制度

67. 社会保险不包括以下哪个险种：（ ）。

A. 养老保险　　B. 人寿保险

C. 医疗保险　　D. 失业保险

68. （ ）是指国家通过立法，多渠道筹集资金，对参保对象在年老、疾病、工伤、失业、生育等情况下

依法提供物质帮助，以使他们能够享有基本生活保障的一项社会制度。

A. 社会保险　　B. 社会救济

C. 社会福利　　D. 社会互助

69. （　）是指机关事业单位及其工作人员在参加机关事业单位基本养老保险的基础上，建立的补充养老保险制度。

A. 企业年金　　B. 职业年金

C. 个人养老保险　　D. 商业养老保险

70. 养老保险的财务模式不包括（　）。

A. 现收现付式　　B. 完全积累式

C. 部分积累式　　D. 混合筹资式

71. （　）是由中国首创的一种新型养老保险基金运行模式。

A. 社会统筹模式

B. 社会统筹与个人账户相结合模式

C. 个人账户模式

D. 互助互济模式

72. 与其他社会保险项目相比，由于疾病发现和医疗服务需求的特殊性，医疗保险有其明显的特点，以下说法错误的是（　）。

A. 支付形式为非定额的费用补偿

B. 补偿期、受益时间短

C. 涉及关系非常复杂

D. 医疗服务消费具有不确定性和被动性

73. 我国实行的医疗保险制度属于（　）。

A. 国家医疗保险模式

B. 强制性储蓄医疗保险模式

C. 合作医疗保险模式

D. 社会医疗保险模式

74. 失业保险是指国家通过立法强制实行的，由（　）集中建立基金，对因失业而暂时中断生活来源的劳动者提供物质帮助的制度。

A. 社会　　B. 政府　　C. 企业　　D. 工会

75. 关于失业保险的特点，以下说法错误的是（　）。

A. 失业保险以保障职工及其家庭的基本生活需要为准则

B. 国家通过立法建立基金，全社会统筹使用

C. 失业保险属于长期待遇

D. 失业保险是国家通过立法强制实施的一种社会政策

76. 以下哪种情况不能享受失业保险待遇：（　）。

A. 申请者具有工作能力并愿意寻找工作

B. 参加劳资纠纷导致停产而使自己失业的

C. 非自愿性失业

D. 缴纳一定期限的保险费或在受保职业工作一定年限

77. 生育保险不包括以下哪一项内容：（　）。

A. 产假　　B. 生育津贴

C. 生育医疗服务　　D. 产检假

78. 关于社会保险特征的表述，以下说法错误的是（　）。

A. 社会保险是部分劳动者的一项基本权利

B. 社会保险所保障的水平为一定时期劳动者的基本生活需要

C. 社会保险是国家以立法形式强制实施的一种保障制度

D. 社会保险是国家和社会基本政策的直接体现，是维护国家社会稳定、经济持续发展的重要措施

79. 社会保险的（　）原则，要求被保险人及其单位须先缴纳社会保险费，而后被保险人才能享受社会保险待遇给付。

A. 共同承担社会风险　　B. 权利与义务一致性

C. 预防与善后处理相结合　D. “待遇均等化”

80. 关于职工基本养老保险制度的覆盖范围和缴费模式，以下说法正确的是（　）。

A. 城镇职工可自愿选择是否参加基本养老保险

B. 由用人单位和城镇职工共同缴纳基本养老保

险费

C. 无雇工的个体工商户以及其他灵活就业人员应当参加基本养老保险

D. 由无雇工的个体工商户、其他灵活就业人员与其工作单位共同缴纳基本养老保险费

81. 职工基本养老保险的用人单位缴费比例一般为本单位职工工资总额的（　）左右，记入基本养老保险统筹基金。

A. 14%　　B. 15%　　C. 16%　　D. 17%

82. 职工基本养老保险的职工缴费比例为本人工资的（　），记入个人账户。

A. 4%　　B. 5%　　C. 6%　　D. 8%

83. 关于基本养老金构成，以下说法错误的是（　）。

A. 基本养老金由统筹养老金和个人账户养老金组成

B. 个人账户基金只能用于职工养老，可以提前支取

C. 个人账户储存额的多少，取决于个人缴费额和

个人账户基金收益

D. 参保人死亡的，个人账户余额可以继承

84. 关于享受基本养老保险待遇，以下说法错误的是（　）。

A. 参加基本养老保险的个人，按月领取基本养老金需要满足两个条件：一是必须达到法定退休年龄；二是累计最低缴费满 15 年

B. 达到法定退休年龄时累计缴费不足 15 年的，需要缴费至满 15 年

C. 参加基本养老保险的个人，因病或者非因工死亡的，其遗属可以领取丧葬补助金和抚恤金

D. 在未达到法定退休年龄时因病或者非因工致残完全丧失劳动能力的，可以领取病残津贴

85. （　）起，《国务院关于机关事业单位工作人员养老保险制度改革的决定》、《机关事业单位职业年金办法》开始实施，逐步建立独立于机关事业单位之外、资金来源多渠道、保障方式多层次、管理服务

社会化的养老保险体系。

A. 2014 年 10 月 1 日　　B. 2012 年 10 月 1 日

C. 2014 年 5 月 1 日　　D. 2012 年 5 月 1 日

86. 年满（　）周岁（不含在校学生），非国家机关和事业单位工作人员及不属于职工基本养老保险制度覆盖范围的城乡居民，可以在户籍地参加城乡居民养老保险。

A. 14　　B. 16　　C. 18　　D. 20

87. 关于我国现行的城镇职工基本医疗保障制度，以下说法错误的是（　）。

A. 由用人单位和职工个人共同负担基本医疗保险费

B. 实行统筹基金与个人账户相结合模式

C. 实行基本医疗保险的社会化管理和服务

D. 城镇用人单位及其职工和退休人员可以选择参保

88. 以下情形中，不能认定为工伤或视同工伤的是（　）。

A. 工作时间前后在工作场所内，从事与工作有关的预备性或收尾性工作受到事故伤害

B. 自残或者自杀的

C. 在抢险救灾等维护国家利益、公共利益活动中受到伤害

D. 患职业病

89. 当前，我国社会保险制度建设面临许多亟待解决的问题，以下说法错误的是（　）。

A. 社会保险覆盖面仍需扩大

B. 基本医疗保险待遇水平普遍较低

C. 尚未实现社会保险法治化

D. 现有社会保险法律法规体系与社会现实发展状况匹配度差

90. （　）是工会履行维护职工合法权益职责、协调劳动关系的重要手段和工作内容，是工会权益保障工作的重要组成部分。

A. 协调劳动关系三方机制 B. 工会劳动就业工作
C. 工会工资工作 D. 工会集体协商工作

91. 关于集体协商的说法，以下说法错误的是（　）。
A. 发生在职工一方与用人单位之间
B. 最终目的在于协调和稳定劳动关系
C. 主要就劳动报酬展开商谈交涉
D. 主要内容为直接涉及劳动者切身利益的规章制度或者重大事项

92. 关于集体合同的说法，以下说法错误的是（　）。
A. 一方是工会或职工代表，另一方是企业或企业代表组织
B. 内容涉及广泛
C. 分为综合性集体合同和专项集体合同
D. 通常以口头形式订立

93. 1994 年 12 月，以贯彻实施（　）为契机，全国总工会十二届二次执委会议提出，把推行集体协商和集体合同制度作为工会工作的首要抓手，开始以国

有、集体企业为重点，同时在其他非公有制企业开展集体协商工作。

A.《集体合同规定》　　B.《劳动法》

C.《劳动合同法》　　D.《工会法》

94. 关于工会在集体协商工作中的作用和职责，以下说法错误的是（　）。

A. 集体协商中上情下达、下情上达

B. 集体协商的法定主体

C. 集体协商和集体合同制度建设的参与者

D. 集体协商和集体合同制度实施的推动者

95. 1994年制定的（　）首次从法律层面规定了集体合同制度，该法对集体合同的主体、基本内容和争议处理等作出了原则性的规定，为工会探索开展集体合同工作提供了法律依据。

A.《劳动法》　　B.《集体合同规定》

C.《劳动合同法》　　D.《工会法》

96. 2007年制定的（　）将多年来集体合同制度建设实

践经验上升到法律层面并加以明确，在协商程序、工会职责、劳动条件和劳动报酬法定标准等诸多方面对集体合同制度进行规定，并首次在法律层面规定了专项集体合同、区域性和行业性集体合同，进一步规范了集体合同制度。

A.《劳动法》　　B.《集体合同规定》

C.《劳动合同法》　　D.《工会法》

97.（　）规定了工会的基本职责，进一步明确了开展集体协商是工会维护职工合法权益的重要手段，为工会开展集体协商工作提供了重要保障。

A.《劳动法》　　B.《集体合同规定》

C.《劳动合同法》　　D.《工会法》

98.《劳动合同法》第五十一条规定，集体合同由工会代表企业职工一方与用人单位订立；尚未建立工会的用人单位，由（　）指导劳动者推举的代表与用人单位订立。

A. 基层劳动保障部门　　B. 上级工会

C. 企业行政方　　D. 行业工会

99. 根据《集体合同规定》，集体协商代表应依照法定程序产生，双方的代表人数应当对等，每方至少（　）人，并各确定 1 名首席代表，双方协商代表不得相互兼任。

A. 2　　B. 3　　C. 4　　D. 5

100. 根据《集体合同规定》，职工一方的首席协商代表由本单位（　）担任。

A. 工会主席　　B. 职工代表

C. 人力资源负责人　　D. 法定代表人

101. 用人单位一方的首席代表由（　）担任或由其书面委托的其他管理人员担任。

A. 人力资源负责人　　B. 职工代表

C. 工会主席　　D. 单位法定代表人

102. 关于集体协商代表的更换，以下说法错误的是（　）。

A. 协商代表空缺的，应在空缺之日起 15 日内产

生新的协商代表

B. 用人单位法定代表人可以更换企业方协商代表

C. 未建立工会的，经本单位部分职工同意可以更换职工方协商代表

D. 工会可以更换职工方协商代表

103. （　）第二十五条，规定了职工方协商代表的职责。

A. 《劳动法》

B. 《劳动合同法》

C. 《工资集体协商试行办法》

D. 《集体合同规定》

104. 关于职工方协商代表应履行的职责，以下说法错误的是（　）。

A. 代表本方参加集体协商争议的处理

B. 提供与集体协商有关的情况和资料

C. 接受对方人员质询

D. 参加集体协商

105. 关于职工方协商代表享有的权利，以下说法错误的是（　）。

A. 提出集体协商的要求及协商事项

B. 要求对方人员提供与集体协商无关的情况和资料

C. 对协商规则等程序性事项提出意见和建议

D. 代表本方订立、变更、解除集体合同

106. 关于职工方协商代表承担的义务，以下说法错误的是（　）。

A. 维护本单位正常的生产、工作秩序，不得采取威胁、收买、欺骗等行为

B. 自主决定向对方提供与集体协商有关的情况和资料

C. 保守在集体协商过程中知悉的用人单位的商业秘密

D. 对协商过程中的个人意见保密

107. 2008 年，全国总工会印发了（　），提出从社会各

界从事劳动关系领域工作的专家、学者、律师、教师、社会工作者、企业管理工作者中聘用集体协商指导员，帮助指导基层进行集体协商。

A. 《关于建立集体协商指导员队伍的意见》

B. 《关于加强专职集体协商指导员队伍建设的意见》

C. 《关于提升集体协商质量增强集体合同实效的意见》

D. 《中华全国总工会深化集体协商工作规划》

108. 关于集体协商指导员的管理制度，以下说法错误的是（　）。

A. 集体协商指导员任职前都应参加集体协商专业培训，担任工资集体协商指导员后，每年至少接受一次专门培训

B. 定期对集体协商指导员进行工作考核和业绩评估

C. 对参与企业工资集体协商的指导员要给予一定的报酬

D. 集体协商指导员实行聘任制，聘任期为一年

109. （ ）是集体合同内容的核心部分。

A. 劳动报酬　　B. 劳动条件和标准

C. 劳动管理　　D. 程序性规定

110. 集体合同中的劳动条件和标准，不包括以下哪项内容：（ ）。

A. 职业技能培训　　B. 补充保险和福利

C. 用人单位裁员　　D. 劳动安全卫生

111. 集体合同中的劳动管理，包括以下哪项内容：（ ）。

A. 职业技能培训

B. 劳动安全卫生

C. 女职工和未成年工的特殊保护

D. 劳动合同管理

112. 工会或企业均可以书面形式向对方提出集体协商的要求，另一方自收到协商要求之日起（ ）内给予回应，无正当理由不得拒绝进行集体协商。

A. 5 日　　B. 10 日　　C. 15 日　　D. 20 日

113.《集体合同规定》第三十六条明确规定："职工代表大会或者全体职工讨论集体合同草案或专项集体合同草案，应当有（　）以上职工代表或者职工出席，且须经全体职工代表半数以上或者全体职工半数以上同意，集体合同草案或专项集体合同草案方获通过。"

A. 三分之一　　B. 三分之二

C. 四分之三　　D. 二分之一

114.《集体合同规定》第三十八条规定，签订集体合同期限一般为（　）。

A. 三至五年　　B. 一至三年

C. 三年　　D. 五年

115. 集体合同监督检查可分为企业内部的监督检查和外部的监督检查，内部的监督检查主体是（　）。

A. 企业行政　　B. 企业工会

C. 企业职工　　D. 以上选项都是

116. 自 20 世纪初以来，协调劳动关系三方机制作为

（　）调整劳动关系的重要机制，在世界工业化市场经济国家协调利益矛盾中一直发挥着重要作用。

A. 市场经济条件下　　B. 计划经济条件下

C. 社会主义制度中　　D. 资本主义制度中

117. 国际劳工组织在（　）年《三方协商促进履行国际劳工标准公约》（第 144 号公约）及有关国际劳工公约和建议书中首创三方机制。

A. 1974　　B. 1975　　C. 1976　　D. 1977

118. 关于三方机制的说法，以下说法错误的是（　）。

A. 也称作"三方会议"、"三方交往"、"三方协商"、"三方合作"等

B. 由国际劳工组织首创

C. 是政府、雇主组织和职工三方有组织、有目的的共同行为

D. 实质是三方协商

119. 三方机制起源于（　）的西方市场经济国家，其产生和发展经历了一个较长的过程，既是社会生

产力发展的标志，也是经济民主化和市场经济发展的产物。

A. 19 世纪末、20 世纪初

B. 18 世纪末、19 世纪初

C. 19 世纪中叶

D. 20 世纪中叶

120. （　），劳资关系开始全面进入制度化、法制化阶段，三方格局的萌芽开始出现，劳资协议会等由三方参加的机构已经成立。

A. 19 世纪下半叶至 20 世纪初

B. 两次世界大战期间过渡期

C. 第二次世界大战后重大转折期

D. 21 世纪

121. 关于三方机制的特点，以下说法错误的是（　）。

A. 三方机制的主体具有独立性和对等性

B. 三方机制具有民主性和合作性

C. 三方机制具有多层性

D. 三方机制涉及议题较为集中

122. 关于三方机制的作用，以下说法错误的是（　）。

A. 确立了工会地位，保护了工人权益

B. 缓解了劳资矛盾，稳定了劳动关系

C. 提升了企业的重要性和不可替代性

D. 促进了法治化建设，完善了社会法治环境

123. （　）年，全国人大常委会批准了国际劳工组织第 144 号公约——《三方协商促进履行国际劳工标准公约》，表明我国已经承诺在国内建立和实施三方机制，遵循国际通行的三方性原则来协商处理劳动关系方面的问题。

A. 1990　　B. 1992　　C. 1994　　D. 1995

124. （　）规定，劳动争议仲裁委员会由政府劳动行政部门、工会组织和企业主管部门的代表组成，实行三方性原则。

A. 《企业最低工资规定》

B. 《企业劳动争议处理条例》

C. 《工会法》

D. 《劳动法》

125. 自1997年起，(　　)、山西、广西等省（区）率先探索建立了协调劳动关系三方机制。

A. 广东　　B. 浙江　　C. 海南　　D. 山东

126. (　　)，劳动和社会保障部、全国总工会和中国企业联合会/中国企业家协会组织召开了国家协调劳动关系三方会议第一次会议，标志着国家一级协调劳动关系三方机制正式建立。

A. 1999年8月　　B. 2001年8月

C. 1999年6月　　D. 2001年6月

127. 2001年10月修订的（　　）规定“各级人民政府劳动行政部门应当会同同级工会和企业方面代表，建立劳动关系三方协商机制，共同研究解决劳动关系方面的重大问题”，首次以法律形式规定三方机制。

A. 《劳动法》

B. 《工会法》

C.《企业劳动争议处理条例》

D.《劳动合同法》

128. 党的（　）报告强调要“完善劳动关系协商协调机制，完善劳动者权益保障制度”，这为新时代新征程做好协调劳动关系三方工作提出遵循。

A. 十七大　　B. 十八大

C. 十九大　　D. 二十大

129. 我国三方机制的结构总体上按照国际劳工组织倡导的三方性原则建立，主要分为（　）级。

A. 三　　B. 四　　C. 五　　D. 六

130. 截至2022年底，（　）个省（区、市）成立了协调劳动关系三方委员会，对进一步深化发展三方机制体系和职能，健全工作制度，充分发挥政府、工会和企业代表组织共同研究解决有关劳动关系重大问题的重要作用进行探索。

A. 21　　B. 22　　C. 23　　D. 24

131. 2003—2005年，多省（区、市）地方积极探索开展（　），活动逐步显示出对促进劳动关系和谐发展、推动构建和谐社会的重要作用。

A. 创建劳动关系和谐企业活动

B. 推动协调劳动三方机制活动

C. 普及劳动关系相关法律活动

D. 选树劳动关系和谐标兵活动

132. 2006年3月，为全面贯彻落实科学发展观，促进构建社会主义和谐社会，推动企业建立规范有序、公正合理、互利共赢、和谐稳定的社会主义新型劳动关系，全国总工会下发（　）。

A.《全国和谐劳动关系创建示范活动工作方案》

B.《关于逐步实行集体协商和集体合同制度的通知》

C.《关于开展创建劳动关系和谐企业与工业园区活动的通知》

D.《关于开展创建劳动关系和谐企业活动的意见》

133.（　），《中共中央关于构建社会主义和谐社会若干重大问题的决定》出台，对构建社会主义和谐社会进行全面部署。

A. 2004 年 10 月　　B. 2006 年 10 月

C. 2004 年 3 月　　D. 2006 年 3 月

134. 2006 年 12 月，全国总工会第十四届执委会（　）全体会议将发展和谐劳动关系和开展创建活动确定为 2007 年乃至其后一个时期的工作主线和重要工作载体。

A. 第三次　　B. 第四次

C. 第五次　　D. 第六次

135. 2011 年 8 月，中央组织召开（　），这是改革开放 40 余年来第一次全国性研究部署构建和谐劳动关系的工作会议，对于进一步做好劳动关系工作具有里程碑意义。

A. 全国和谐劳动关系创建示范活动先进表彰会

B. 全国构建和谐劳动关系先进表彰会

C. 全国构建和谐劳动关系先进表彰暨经验交流会

D. 全国创建劳动关系和谐企业与工业园区活动表

彰暨经验交流会议

136. 2021 年 4 月，国家协调劳动关系三方会议第 26 次会议通过《全国和谐劳动关系创建示范活动工作方案》，提出每（　）年开展一次“全国和谐劳动关系创建示范活动”。

A. 三　　B. 四　　C. 五　　D. 六

137. 2023 年 1 月 3 日，国家三方联合下发（　），要求在全国各类企业持续推进新时代和谐劳动关系创建活动。

A.《全国和谐劳动关系创建示范活动工作方案》

B.《关于开展创建劳动关系和谐企业与工业园区活动的通知》

C.《关于开展创建劳动关系和谐企业活动的意见》

D.《关于推进新时代和谐劳动关系创建活动的意见》

138. 和谐劳动关系创建活动的基本原则不包括（　）。

A. 坚持党的全面领导　　B. 坚持增进民生福祉

C. 坚持文化凝心聚力　　D. 以上选项都是

139. 在企业创建和谐劳动关系标准中，要健全以（　）为基本形式的企业民主管理制度。

A. 厂务公开制度

B. 职工（代表）大会制度

C. 职工董事、监事制度

D. 职工培训制度

140. 科学设置创建标准指标体系，引导企业、工业园区、乡镇（街道）对照创建标准开展自我评价，由（　）对其是否达标进行评估。

A. 国家协调劳动关系三方

B. 省级协调劳动关系三方

C. 当地协调劳动关系三方

D. 社会第三方机构

141. 健全创建示范单位的动态退出机制，由（　）采取抽查、普查等方式，充分利用劳动保障监察和劳动争议调解仲裁案件以及群体访、群体性事件、集体停工事件等信息，加大动态精准核查力度，定期对已命名的示范单位进行核查。

A. 国家协调劳动关系三方

B. 省级协调劳动关系三方

C. 当地协调劳动关系三方

D. 社会第三方机构

142. 下面关于创建和谐劳动关系的激励措施，说法错误的是（　）。

A. 对达到创建标准且符合守法诚信等级要求的企业，适当增加劳动保障监察和社会保险稽核日常巡视检查频次

B. 将达到创建标准作为评选表彰重要参考因素

C. 对符合条件的企业提供精准服务

D. 国家协调劳动关系三方会议定期表彰奖励

143. 以下哪项荣誉不能将达到创建标准作为评选重要参考因素：（　）。

A. 全国五一劳动奖状

B. 全国企业优秀文化成果

C. 全国就业与社会保障先进民营企业

D. 劳动模范

144. 在创建活动中，各级协调劳动关系三方要结合各自职能，发挥三方机制优势，形成工作合力。（ ）要加大对职工群众的思想政治引领，健全联系广泛、服务职工的工作体系，为职工提供法律援助、政策咨询、协商培训、职业道德教育等服务，监督企业落实劳动保障法律法规，引导职工以理性合法形式表达利益诉求、解决利益矛盾、维护自身权益，团结和凝聚广大职工建功立业新时代。

A. 人力资源和社会保障部门

B. 地方协调劳动关系三方

C. 工会组织

D. 企业代表组织

145. （ ）年5月1日起，《社会救助暂行办法》正式施行。

A. 2012　　B. 2013　　C. 2014　　D. 2015

146. （　）是改革开放以来我国政府在社会救助事业上重大的制度创新，它突破了传统社会救济资源分散、效率低、缺乏公平、水平较低等弱点。

A. 特困人员供养　　B. 居民最低生活保障

C. 受灾人员救助　　D. 医疗救助

147. 居民最低生活保障制度最先在（　）启动。

A. 北京　　B. 上海　　C. 重庆　　D. 天津

148. （　）年9月28日，国务院正式颁布《城市居民最低生活保障条例》。

A. 1997　　B. 1998　　C. 1999　　D. 2000

149. 《国务院关于在全国建立农村最低生活保障制度的通知》的出台，标志着我国的最低生活保障制度进入城乡一体建设、全民（　）的新时期。

A. “应保尽保”　　B. “自愿保障”

C. “全员保障”　　D. “重点保障”

150. 2014 年 5 月，（　）正式施行，为社会救助事业发展提供了法律依据，有利于形成保障困难群众基本生活的安全网。

A.《最低生活保障审核确认办法》

B.《社会救助暂行办法》

C.《社会救助法》

D.《最低生活保障审核审批办法（试行）》

151. 2021 年 6 月 4 日，民政部制定了（　），加快推进低保制度城乡统筹，删除了有关城市低保、农村低保的概念，所有规定不再区分城乡，统一规范为“最低生活保障”。

A《社会救助暂行办法》

B.《社会救助法》

C.《最低生活保障审核审批办法（试行）》

D.《最低生活保障审核确认办法》

152. 最低生活保障是一种直接的（　）救助制度。

A. 政策　　B. 福利　　C. 现金　　D. 物质

153. 2015年11月，中共中央、国务院印发《关于打赢脱贫攻坚战的决定》，要求加大教育救助力度，以阻断贫困的代际传递，实现精准扶贫，正式赋予了教育救助制度（　）的政策目标。

A. “调整社会关系，防止阶级固化”

B. “调整社会关系，防止阶层固化”

C. “调整社会结构，防止阶层固化”

D. “调整社会结构，防止阶级固化”

154. （　），是各级工会组织认真贯彻党和国家的方针政策，切实履行工会维权服务基本职责，通过各种途径和形式，对在生活方面遇到困难和问题的职工提供生活救助、医疗救助、助学救助等帮扶，使他们尽快摆脱困境的一项重要工作。

A. 工会救助工作　　B. 工会帮扶工作

C. 职工帮扶工作　　D. 国家帮扶工作

155. 习近平总书记指出：“越是困难的时候，越要发挥职工群众主人翁作用，越要关心职工群众生产生活和职业发展，把（　）的方针落实好。”

A. 全心全意为人民服务

B. 全心全意为工人阶级服务

C. 全心全意依靠工人阶级

D. 全心全意服务工人阶级

156. 为适应建立社会主义市场经济体制和加快推进深化国有企业改革的要求，1994 年初，全国总工会根据形势的发展，将一年一度的送温暖活动拓展为（　），实现送温暖活动的经常化、制度化、社会化。

A. “送温暖制度”　　B. “万人工培”

C. “再就业工程”　　D. “送温暖工程”

157. 为进一步规范中央财政专项帮扶资金的分配、使用和管理，2015 年 5 月，全国总工会出台了《中央财政专项帮扶资金使用管理办法》，进一步强调要坚持（　）的原则，对已纳入工会档案的困难职工家庭和符合条件的困难农民工家庭，开展生活救助、医疗救助、子女助学、法律援助、职业培训、职业介绍等帮扶项目，并按照独立核算、专账管理、专款专用的要求，切实加强对帮扶资金的管理监督。

A. “先建档、后帮扶、实名制”

B. “建档帮扶”、“先建档、后帮扶、实名制”

C. “实名制帮扶”、“先建档、后帮扶、实名制”

D. “依档帮扶”、“先建档、后帮扶、实名制”

158. 工会帮扶工作以帮扶中心为主要载体，以困难职工和农民工为主要对象，以（　）为主要职能，认真研究经济社会形势，参与制定和落实各项民生政策，掌握和了解职工需求，通过多种途径，使困难职工群体逐步从生活困难中摆脱出来，使广大职工保持生活的尊严和平等的社会发展机会。

A. “救助、服务、维权”

B. “维权、服务、救助”

C. “救助、维权、服务”

D. “服务、维权、救助”

159. 关于工会帮扶工作成效的说法不准确的是（　）。

A. 城市困难职工解困脱困目标任务基本完成

B. 城市困难职工生活水平明显提高，城市困难职工发展能力不断增强

C. 党同职工群众的血肉联系更加紧密

D. 城市困难职工精神风貌得到改变

160. 党的（　）提出要改善人民生活品质。

A. 十九届三中全会　　B. 十九届四中全会

C. 十九届五中全会　　D. 二十届一中全会

161. “十四五”规划和（　）远景目标纲要提出，顺应居民消费升级趋势，把扩大消费同改善人民生活品质结合起来。

A. 2025 年　　B. 2030 年

C. 2035 年　　D. 2050 年

162. 聚焦“（　）+服务职工基地+基层工会”协作模式，建立上下、左右、内外分层分级分类协作机制，明确帮扶工作职能部门、帮扶中心、基层工

会、服务职工基地工作协同机制。

A. 帮扶工作职能部门　　B. 帮扶中心

C. 服务职工功能中心　　D. 综合服务平台

163. （　）年 11 月，中央召开扶贫开发工作会议，吹响了向贫困宣战的冲锋号。

A. 2013　　B. 2014　　C. 2015　　D. 2016

164. 1998 年底，正值国有企业改革进入攻坚阶段和实施三年解困目标的关键时期，全国总工会十三届二次执委会议明确提出，各级工会要在大力实施“送温暖工程”、积极协助政府妥善安排好下岗职工的基本生活、帮助下岗职工实现再就业的同时，对特困职工承担起（　）的职责。

A. “第一责任人”　　B. “第一帮扶人”

C. “第一救助人”　　D. “第一保障人”

165. 20 世纪 80 年代，（　）等地工会组织开展了“学雷锋，树新风，送温暖，做群众贴心人”等活动，协调和动员党政工干部和社会各界力量，走访慰问困难职工家庭，为困难企业和困难职工排忧解难。

A. 石家庄　　B. 青岛

C. 牡丹江　　D. 大同

166. 从救助金发放看，城市低保一般由（　）委托银行、信用社或邮政储蓄按月发放，农村低保一般按季度或半年由金融机构或民政部门直接发放。

A. 省级民政部门　　B. 镇级民政部门

C. 市级民政部门　　D. 县级民政部门

167. （　）的颁布和实施，标志着我国城市低保制度正式走上法制化轨道，也标志着这项工作取得突破性重大进展。

A. 《城市居民最低生活保障条例》

B. 《关于在全国建立农村最低生活保障制度的通知》

C. 《社会救助法（征求意见稿）》

D. 《城市低收入家庭认定办法》

168. 2008 年 8 月 15 日，国务院公布（　），标志着我国社会救助工作进入法制化轨道。

A. 《社会救助暂行办法》

B. 《城市低收入家庭认定办法》

C. 《社会救助法（征求意见稿）》

D. 《社会救助法》

169. （　）的建立，从根本上修正了传统社会救济制度的缺陷，为城乡社会救助的统一奠定了基础。

A. 城镇居民最低生活保障制度

B. 农村居民最低生活保障制度

C. 城市居民最低生活保障制度

D. 城乡居民最低生活保障制度

170. （　）年1月，全国总工会在北京隆重召开了纪念送温暖工程十周年座谈会，回顾总结了十年来送温暖工程取得的成绩和经验。

A. 2000　　B. 2001

C. 2002　　D. 2003

171. “加大（　）解困脱困的帮扶和保障力度”被列入了中央政治局常委会2016年工作要点。

A. 城市特困职工　　B. 城镇困难职工

C. 城市困难职工　　D. 农民工

172. 全国第一家困难职工帮扶中心建立在（　）市。

A. 北京　B. 天津　C. 重庆　D. 上海

173. 关于“农民工”的概念，以下说法错误的是（　）。

A. 农民工来自农村，属于农业户口

B. 农民工的社会身份虽然是农民，但他们的主要时间是在从事非农生产活动

C. 农民工的非农活动主要限于第二产业领域

D. 农民工以工资为主要收入来源

174. 改革开放和经济特区设立以后，对离开农村到城市打工农民的主要称谓是（　）。

A. “新移民”　　B. “打工仔”

C. “农民工”　　D. “进城务工人员”

175. 2006 年 1 月 18 日，（　）发布，第一次把“农民工”概念写入具有行政法规作用的中央文件。

A. 《中共中央关于构建社会主义和谐社会若干重大问题的决定》

B. 《国务院关于解决农民工问题的若干意见》

C. 《中共中央关于制定国民经济和社会发展第十一个五年规划的建议》

D. 《“十一五”规划纲要》

176. 农民工产生的原因不包括（　）。

A. 我国由计划经济向市场经济转变

B. 制度与工业化的冲突

C. 劳动力转移“推拉理论”

D. 农村经济落后和劳动力相对过剩

177. 2022年，中共中央、国务院印发的《关于做好2022年全面推进乡村振兴重点工作的意见》明确要求“实施（　）农民工市民化质量提升行动”。

A. 县域　　B. 城镇

C. 城乡接合部　　D. 返乡

178. 为提升广大农村转移就业劳动者的职业技能，人社部门实施了（　）。

A. “春风行动”　　B. “春潮行动”

C. “同舟计划”　　D. “彩虹计划”

179. 为加大农民工工资清欠力度，国家实行拖欠农民工工资（　）制度。

A. “绿色通道”　　B. “点对点”

C. “信息共享”　　D. “黑名单”

180. 以下选项中，体现出农民工劳动保障权益稳步推进的是（　）。

A. 农民工在城镇落户有序推进

B. 拖欠农民工工资问题进一步得到有效遏制

C. 农民工随迁子女平等接受教育的权利更有保障

D. 农民工精神文化生活更加丰富

181. （　）是推进我国工业化、城镇化发展的主力军，是“中国制造”走向世界的有力支撑，为经济社会发展作出了巨大贡献。

A. 制造业工人　　B. 产业工人

C. 农民工　　D. 国企工人

182. 为稳定、扩大农民工就业、创业，政府相关部门、工会组织开展的活动不包括（　）。

A. “春风行动”

B. “全国工会就业援助月”

C. “技能培训促就业行动”

D. “同舟计划”

183. 为治理拖欠农民工工资问题，国家建立了（　）制度。

A. 农民工实名制管理　　B. 工资支付专用账户

C. 工资保证金　　D. 以上选项都是

184. 以下选项中，能够体现出农民工市民化水平不断提升的是（　）。

A. 拖欠农民工工资问题多发高发态势进一步得到有效遏制

B. 农民工随迁子女平等接受教育的权利更有保障

C. 农民工参加城镇社会保险覆盖面持续扩大

D. 农民工民主政治权利得到进一步保障

185. 关于农民工社会融合程度不断提升的情况，以下说法错误的是（　）。

A. 农民工随迁子女平等接受教育的权利更有保障

B. 农民工民主政治权利得到进一步保障

C. 农民工更加平等地享受城镇基本公共文化服务

D. 对于农民工的人文关怀不断加强

186. 农民工工作协调机制进一步健全。各地区、各成员单位把农民工工作放在更加突出的位置，（　）地方各级人民政府普遍成立了农民工工作领导小组，进一步健全农民工工作协调机制，强化农民工工作统筹协调和督导。

A. 基层　　B. 县级以上

C. 市级及以上　　D. 省级

187. （　）年，中央一号文件指出“进城就业的农民工已经成为产业工人的重要组成部分”。

A. 2002　B. 2003　C. 2004　D. 2005

188. 为更好地完成党和国家农民工工作的部署要求，（　）年，全国总工会成立了维护农民工合法权益领导小组，办公室设在保障工作部。

A. 2004　　B. 2005　　C. 2006　　D. 2007

189. （　）对“十三五”时期工会农民工工作的整体性、长期性等问题进行考量，明确了工作目标和重点。

A.《中华全国总工会农民工工作规划（2016—2020 年）》

B.《关于进一步做好为农民工服务工作的意见》

C.《2016 年全总农民工工作要点》

D.《关于进一步推进支持农民工等人员返乡创业工作的意见》

190. 我国经济发展进入新常态，“十三五”时期是全面建成小康社会的决胜时期，也是推进（　）的关键时期。

A. 农民工工资收入提升

B. 农民工工作技能提升

C. 农民工社会保障程度加深

D. 农民工市民化

191. “十三五”期间，各级工会积极开展（　）等主题活动，引导广大农民工深入学习习近平新时代中国特色社会主义思想，积极培育和践行社会主义核心价值观，坚定不移听党话、跟党走的政治自觉进一步加强。

A. “践行新理念，建功‘十三五’”

B. “中国梦·劳动美”

C. “网聚职工正能量，争做中国好网民”

D. 以上选项都是

192. 关于农民工合法权益保障情况，以下说法错误的是（　）。

A. 劳动合同签订率和社会保险参保率不断提升

B. 根治欠薪工作取得成效，农民工月均收入平稳增长

C. 农民工安全生产和职业健康防护工作稳步推进

D. 八大群体入会成效显著，工会组织覆盖面得到新的拓展

193. “八大群体”不包括（　）。

A. 货车司机　　B. 建筑工人

C. 家政服务员　　D. 商场信息员

194. 截至2022年11月，各级工会整合社会资源，采取自建、共建等方式，建设工会户外劳动者服务站点（　）个，累计投入资金18.66亿元。总体上看，各地工会户外劳动者服务站点建设已初见成效。

A. 6.58万　　B. 8.58万

C. 10.58万　　D. 12.58万

195. 关于工会户外劳动者服务站点建设标准，以下说法错误的是（　）。

A. 站点统一标识，可使用工会会徽

B. 站点应有相对固定的运行面积，配备规定的整套基础设施

C. 各地应根据实际情况进行站点建设布局

D. 站点应提供能解决户外劳动者“吃饭难、喝水难、休息难、如厕难”等现实问题的相关服务功能

196. “十四五”期间，全国总工会拟在全国推树（　）个最美工会户外劳动者服务站点，并设立专项奖补资金，对推树的最美站点进行奖励和补贴。

A. 1 万　　B. 2 万

C. 5 万　　D. 10 万

197. 党的十八大以来，习近平总书记多次针对工会工作发表重要讲话，强调做好农民工工作的重要性。习近平总书记强调，要最大限度把（　）吸收到工会中来，使他们成为工人阶级坚定可靠的新生力量。

A. 制造业工人　　B. 新就业形态劳动者

C. 农民工　　D. 劳务派遣工

198. 关于现阶段农民工工作面临的严峻形势，以下说法错误的是（　）。

A. 经济下行压力加大，产业结构转型升级，农民工群体的就业岗位受到严重冲击

B. 面临日趋激烈的市场竞争压力，部分中小微企业难以持续增加与农民工权益相关的资源投入

C. 农民工落户城市的意愿高，但管理制度制约了农民工市民化的顺利推进

D. 突如其来的新冠肺炎疫情，给农民工的工作和生活造成了严重冲击

199. 随着数字经济时代的到来，一批新产业新业态新模式快速兴起，催生了一支规模庞大的以网约车司机、快递员、送餐员等为代表的网约工群体，而这个群体又以农民工为主体。由于在传统劳动关系中增加了（　）概念，使得他们除了具备农民工群体的共性外，还要受其约束影响。

A. “平台”　　　　B. “网络”

C. “算法”　　　　D. “系统”

200. 要按照“在农民工最需要的地方建立工会工作站，

从农民工最需要的服务入手开展服务工作”的原则，在重点工程建设项目工地、各类重点园区以及农民工集中的区域，建立园区“职工之家”和（　），并提供充足的财政和政策支持。

A.“农民工之家”　　B.“司机之家”

C.“户外劳动者之家”　　D.“建筑工之家”

多项选择题

扫码闯关答题

1. 工会权益保障工作的基本职责是维护好、实现好和发展好广大职工的（　）等各项劳动经济权益。

A. 劳动就业权　　B. 公平交易权

C. 劳动报酬权　　D. 社会保障权

2. 工会权益保障工作主要包括劳动就业、（　）等内容，这些内容都是社会建设的重要领域。

A. 收入分配

B. 协调劳动关系（三方机制、集体协商）

C. 社会保险

D. 帮扶和农民工工作

3. 做好工会权益保障工作的重要意义主要有（　）。

A. 有利于职工合法权益的实现

B. 有利于构建社会主义和谐劳动关系

C. 有利于形成稳定和谐的经济社会发展环境

D. 有利于应对经济全球化给我国劳动关系带来的挑战

4. 2007年，我国出台了（　）等劳动和社会保障领域的法律。

A.《劳动合同法》

B.《劳动争议调解仲裁法》

C.《就业促进法》

D.《劳动法》

5. 2022年10月，党的二十大取得圆满成功。大会为增进民生福祉、（　）等工会权益保障工作指明了方向。

A. 提高人民生活品质

B. 紧紧抓住人民最关心最直接最现实的利益问题

C. 着力解决好人民群众急难愁盼问题

D. 扎实推进共同富裕

6. 全国总工会积极探索工会就业服务新渠道新模式，指导京津冀蒙、长三角等地工会开展了系列跨区域促就业活动，并建设全国工会网上就业服务平台（　）。

A. “工会就业号”　　B. “工E就业”

C. “工会就业服务号”　　D. “工会就业”

7. 全国总工会会同国家协调劳动关系三方，实施（　）等，联合开展全国和谐劳动关系创建示范活动，推动形成促进企业发展和维护职工权益并重的工作机制，培育了一批鲜活案例。

A. 劳动关系“和谐同行”能力提升三年行动计划

B. 集体协商攻坚计划

C. 彩虹计划

D. “稳就业促发展构和谐”行动计划

8. 新形势下工会权益保障领域的重点工作包括（　）。

A. 加强源头参与，落实制度保障

B. 强化就业优先政策，促进高质量充分就业

C. 完善劳动关系协商协调机制，依法维护职工劳动经济权益

D. 充分发挥工会保障职工权益职能，在扎实推进共同富裕中彰显工会作用

9. 一个人如果同时满足（ ）等基本条件，就可以被认为是实现了就业。

A. 在法定劳动年龄内且具有劳动能力

B. 所从事的是某种合法的经济活动

C. 以提供满足社会需要的商品或服务为目的

D. 从事这种社会劳动可以获得相应的收入

10. 下述情况不属于就业范畴的是（ ）。

A. 在劳动年龄之内，有职业而由于种种原因暂时没有工作

B. 打零工

C. 童工

D. 不以获得收入或营利为目的的公益劳动、家务劳动等

11. 登记失业率在（ ）方面具有重要作用。

A. 反映经济运行状况

B. 政府制定出台就业政策

C. 提供精准就业服务

D. 反映劳动力市场资源配置

12. 我国的劳动就业方针是：坚持（ ）的方针，多渠道扩大就业。

A. 劳动者自主择业　　B. 政府安排就业

C. 市场调节就业　　D. 政府促进就业

13. 《劳动合同法》第三条第一款规定：“订立劳动合同，应当遵循（ ）的原则。”

A. 合法　　B. 公平

C. 平等自愿　　D. 协商一致

E. 诚实信用

14. 解决就业的途径主要有：（1）实施（ ）战略，扩大经济发展对劳动力的需求；（2）支持（ ）发展，扩大就业领域；（3）持续推进“双创”，促进（ ）；（4）强化（ ），提高劳动者素质；（5）强化（ ），畅通人力资源市场；（6）多措并举，抓好重点群体就业创业。

A. 就业优先　　B. 新就业形态

C. 以创业带动就业　　D. 教育培训

E. 就业创业服务

15. 劳动合同期限 3 个月以上不满 1 年的，试用期不得超过（　）；劳动合同期限 1 年以上不满 3 年的，试用期不得超过（　）；3 年以上固定期限和无固定期限的劳动合同，试用期不得超过（　）。

A. 1 个月　　B. 2 个月

C. 6 个月　　D. 12 个月

16. 用人单位裁减人员时，应当优先留用哪些人员：（　）。

A. 对用人单位贡献较大的核心业务人员

B. 与本单位订立较长期限的固定期限劳动合同的

C. 与本单位订立无固定期限劳动合同的

D. 家庭无其他就业人员，有需要扶养的老人或者未成年人的

17. 《劳动合同法》规定，在哪些情况下，用人单位不得解除劳动合同：（　）。

A. 女职工在孕期、产期、哺乳期的

B. 在本单位连续工作满十五年，且距法定退休年龄不足五年的

C. 患病或者非因工负伤，在规定的医疗期内的

D. 在本单位患职业病或者因工负伤并被确认丧失或者部分丧失劳动能力的

E. 从事接触职业病危害作业的劳动者未进行离岗前职业健康检查，或者疑似职业病病人在诊断或者医学观察期间的

18. 在对劳动合同进行管理的过程中，应坚持（　）。

A. 工人阶级的主人翁地位原则

B. 尊重企业自主权原则

C. 劳动者和用人单位双向选择原则

D. 按劳分配原则

E. 权利义务相一致的原则

19. 发生劳动争议，当事人可以到（ ）申请调解。

A. 企业劳动争议调解委员会

B. 依法设立的基层人民调解组织

C. 在乡镇、街道设立的具有劳动争议调解职能的组织

D. 基层工会组织

20. 劳动争议仲裁委员会由（ ）组成。

A. 劳动行政部门代表　　B. 工会代表

C. 职工代表　　D. 企业方面代表

21. 工会劳动合同工作的主要任务包括（ ）。

A. 进行劳动仲裁

B. 帮助和指导职工签订好劳动合同

C. 努力提高劳动合同建制率

D. 加强对劳动合同执行情况的监督

22. 职工累计工作已满1年不满10年的，年休假（ ）天；已满10年不满20年的，年休假（ ）天；已满20年的，年休假（ ）天。

A. 5　　B. 10　　C. 15　　D. 20

23. 我国职业技能培训的范围包括（　）。

A. 劳动预备制度的培训

B. 在职职工的岗位培训

C. 转岗培训

D. 再就业培训和创业培训

24. 在就业方面，我国劳动立法的基本宗旨和内容主要包括以下几个方面：（　）。

A. 保障劳动者的就业权

B. 劳动者享有平等的就业权利

C. 促进就业

D. 规范劳动标准

E. 照顾特殊群体人员就业

25. 我国《宪法》、《劳动法》、《妇女权益保障法》及其他法律法规对保障妇女的劳动权及就业的规定主要有（　）。

A. 依法保护妇女享有与男子平等的劳动权利

B. 消除就业性别歧视

C. 实行男女同工同酬

D. 保障女职工在经期、孕期、产期和哺乳期以及在工作场所受到特殊劳动保护

26. 当前工会就业服务工作的重点任务包括（　）。

A. 持续关注职工群体就业状况

B. 源头参与和调查研究

C. 积极协助落实助企稳岗政策

D. 不断创新工会就业创业服务

E. 做好重点群体就业援助

27. 工资的辅助形式包括（　）。

A. 奖金　　B. 津贴和补贴

C. 加班加点工资　　D. 特殊情况下的工资

28. 工资确定的依据包括（　）。

A. 满足生活需要

B. 市场依据

C. 企业支付工资的能力

D. 劳动者迫使企业支付工资的能力

29. 在确定工资方面，我国工会在（　）中正逐步发挥着越来越重要的作用。

A. 参与最低工资标准调整

B. 开展工资集体协商

C. 建立企业职工工资正常增长机制

D. 确定企业支付能力

30. 近年来，我国工资制度改革和当前我国工资工作的内容主要有以下几个方面：（　）。

A. 明确分配原则

B. 改革企业内部分配制度

C. 逐步明确企业工资分配制度改革目标

D. 建立健全企业工资收入宏观指导体系

31. 党的二十大在完善分配制度方面作出了新的阐述，更多强调（　），首次提出（　），明确提出（　），进一步推动分配制度改革走向深入。

A. “按劳分配为主体、多种分配方式并存”

B. “促进机会公平”

C. “规范收入分配秩序，规范财富积累机制”

D. “构建初次分配、再分配、第三次分配协调配套的制度体系”

32. 1992年以后，通过不断实践和完善，提出了社会主义市场经济体制下企业工资分配制度改革的目标，具体内容是（　）。

A. 坚持效率优先、兼顾公平的原则

B. 实行“市场机制调节、企业自主分配、职工民主参与、国家监督指导”

C. 建立现代企业工资收入分配制度

D. 坚持按劳分配为主体、多种分配方式并存的原则

33. 自20世纪90年代以来，我国初步建立起了以（　）为中心，（　）为枝叶，辅以（　）而组成的协调收入分配的法律规范体系，使我国的工资分配逐步纳入法治化轨道。

A. 《工资支付暂行规定》

B.《劳动法》

C. 国务院行政法规、劳动和社会保障部部颁规章

D. 地方立法和地方性行政规章

34. 按照有关规定，全国总工会对国家收入分配体制的建立及工资政策有（ ）；企业工会对企业内部工资分配有（ ），同时对工资收入分配运行情况负有（ ）。

A. 决策权　　B. 参与权

C. 协商谈判共决权　　D. 监督责任

35. 在推动政府有关部门建立和完善最低工资保障制度，工会应当重点做好（ ）。

A. 加大对最低工资保障制度的宣传力度

B. 加强调查研究

C. 推动和督促企业严格执行最低工资制度

D. 积极参与制定当地最低工资标准调整方案

36. 针对当前收入分配领域影响职工权益的突出问题，工会工资工作的重点包括（ ）。

A. 积极参与宏观分配体制改革，推动建立职工工资合理增长机制

B. 建立和完善以工资集体协商制度为主要形式的企业工资决定机制

C. 健全完善根治欠薪工作长效机制，重点解决建筑施工等领域拖欠农民工工资问题

D. 加强工资立法，切实做好执法监督检查。推动《工资条例》的制定和出台，将三项机制建设纳入法制轨道

E. 加强调查研究，提高工会工资干部的业务素质

37. 社会保险主要包括（　）、工伤保险、生育保险等。

A. 养老保险　　B. 失业保险

C. 医疗保险　　D. 长期护理保险

38. 我国实行以（　）为第一支柱，以（　）为第二支柱，以（　）为第三支柱的多层次、多支柱的养老保险体系。

A. 基本养老保险

B. 企业年金、职业年金等补充养老保险

C. 城乡居民养老保险

D. 个人养老金、其他个人商业养老金融业务

39. 社会保险的性质包括（　）。

A. 强制性　　B. 保障性

C. 福利性　　D. 社会性

40. 社会保险的作用包括（　）。

A. 社会保险制度对维系社会安定具有重要作用

B. 社会保险对于保证劳动者特殊情况下的基本生活、保证劳动力再生产顺利进行具有重大作用

C. 社会保险对于调节收入差距、实现社会分配公平有一定的作用

D. 社会保险制度对社会主义精神文明的建设有重要作用

41. 我国现行的城镇职工基本医疗保障制度是建立适应（　），根据（　），（　）、（　）的城镇职工基本医疗保障体系。

A. 社会主义市场经济体制

B. 国家财政、企业和个人的承受能力

C. 用人单位和职工共同负担

D. 社会统筹和个人账户相结合

42. 在我国失业保险制度中，（ ）是否适用《失业保险条例》，由各省级人民政府确定。

A. 外商投资企业

B. 私营企业

C. 社会团体

D. 城镇中有雇工的个体工商户

43. 根据《工伤保险条例》的规定，以下哪些情形可以定为工伤：（ ）。

A. 因工外出期间，由于工作原因受到伤害或发生事故下落不明

B. 在上下班途中，受到非本人主要责任的交通事故或者城市轨道交通、客运轮渡、火车事故伤害的

C. 患职业病

D. 在工作时间和工作场所内，因履行工作职责受到暴力等意外伤害

44. 工会社会保险工作的主要内容包括（ ）。

A. 在社会保险方面团结教育职工

B. 参与国家有关职工社会保险方面政策法规的研究与制定

C. 开展监督检查，推动相关法律法规和政策的贯彻落实

D. 帮助职工解决在社会保险方面的实际困难，维护职工合法权益

45. 工会社会保险工作存在的困难和问题包括（ ）。

A. 工会在社会保障制度中发挥作用的方式还没有实现制度化、法制化、规范化

B. 工会的工作方式需要与时俱进

C. 工会在社会保障制度中发挥作用面临新的挑战

D. 基层工会干部的素质能力与工会工作的要求存

在差距

46. 工会促进社会保险制度完善的应对措施包括（　）。

A. 从职工的需求出发，推动有关社会保险体系的完善

B. 进一步拓展渠道，推动在社会保险监督体系下的社会监督立法

C. 积极探索适应基层工会特点的工作模式、运行机制和活动方式

D. 加强工会干部队伍建设

47. 实行集体协商和集体合同制度，在哪些方面发挥着积极作用：（　）。

A. 稳就业的作用初步显现

B. 促发展的助力作用逐渐加强

C. 协调劳动关系基础性作用不断强化

D. 促进社会主义市场经济发展作用更加明确

48. 根据《集体合同规定》，开展集体协商应当遵循哪些原则：（　）。

A. 遵守法律、法规、规章及国家有关规定

B. 相互尊重、平等协商

C. 诚实守信、公平合作

D. 兼顾双方合法权益

E. 不得采取过激行为

49. 围绕进一步完善集体协商和集体合同制度，国务院劳动行政部门和一些地方政府制定的规范集体协商和集体合同制度的行政规章主要有（　）。

A. 《关于开展集体协商要约行动的意见》

B. 《集体合同规定》

C. 《工资集体协商试行办法》

D. 《关于加强专职集体协商指导员队伍建设的意见》

50. 行业性集体合同的主体双方主要有以下几种（　）。

A. 行业工会（或工会联合会）和行业内企业代表组织

B. 行业工会（或工会联合会）和行业内企业方推

荐产生的代表

C. 行业工会（或工会联合会）和行业所属各企业行政方

D. 未组建行业工会的，还可由行业所在区域的工会作为主体代行行业工会的职能

51. 确定集体协商代表应遵循的原则主要有（　）。

A. 公平原则　　B. 适合原则

C. 结构原则　　D. 对等原则

52. 集体协商指导员的工作职责主要包括（　）。

A. 宣传指导　　B. 参与培训

C. 参加协商　　D. 调查研究

E. 监督检查

53. 集体合同的内容主要包括实体性规定和程序性规定两个方面，实体性规定主要是（　），程序性规定主要是（　）、（　）等方面的内容。

A. 劳动条件和标准

B. 劳动管理

C. 集体协商双方代表

D. 集体合同程序性规定

54. 工会在集体协商前，还要会同企业和有关部门做好充分的准备工作，主要包括（　）。

A. 思想准备　　B. 收集信息资料

C. 确定协商议题　　D. 拟订协商方案

55. 集体协商主要采取协商会议的形式，其主要程序包括（　）。

A. 宣布议程、协商规则和会议纪律

B. 要约方的首席代表介绍集体协商的准备过程、协商的具体内容和要求，提出协商议案的理由和依据。受约方首席代表就对方的要求作出回应

C. 协商双方就商谈事项发表各自的意见，展开充分讨论

D. 双方首席代表归纳意见，就达成一致的意见提出共同确认的表述方式

E. 形成集体合同草案

56. 集体协商工作面临的有利形势包括（　）。

A. 各级党政高度重视民生问题

B. 经济社会发展成果奠定了坚实基础

C. 广大职工群众寄予了新的期待

D. 法律法规提供了有力支撑

57. 深入推进集体协商和集体合同制度实施是一项系统的社会工程，具体思路举措包括（　）。

A. 推动形成社会化工作格局

B. 强化法律制度保障

C. 形成三方共推的工作合力

D. 发挥工会组织的优势和作用

E. 进一步加大舆论宣传力度

58. 协调劳动关系三方机制起源于西方市场经济国家，经历了（　）起源和发展的三个主要时期。

A. 19 世纪下半叶至 20 世纪初

B. 两次世界大战期间过渡期

C. 第二次世界大战后重大转折期

D. 21 世纪

59. 在三方机制的起源和发展过程中，政府所起的作用是始终不可缺少的，主要是通过（　），以规范劳资双方的行为，相对平衡双方的实力。

A. 完善法律体系

B. 优化社会保障

C. 组织罢工

D. 采取其他必要的强制性措施

60. 关于三方机制的原则，以下说法正确的是（　）。

A. 合法的原则

B. 地位平等和相互尊重的原则

C. 相互支持与合作的原则

D. 国家与公众利益优先的原则

61. 国家一级三方机制的基本形式是“国家协调劳动关系三方会议制度”。国家三方会议由政府部门、工会、企业代表组织组成，成员单位为（　）。

A. 人力资源和社会保障部

B. 中华全国总工会

C. 中国企业联合会/中国企业家协会

D. 中华全国工商业联合会

62. 国家协调劳动关系三方会议职能包括（ ）。

A. 对劳动关系法律、法规、规章与政策的制定和监督实施提出意见和建议

B. 对劳动关系领域带有全局性、倾向性的重大问题进行协商，形成共识

C. 建立和完善劳动关系工作体系

D. 对地方协调劳动关系工作进行宏观指导和服务

E. 与国际劳工组织、各国三方机构开展交流与合作

63. 中国工会在三方机制中的作用包括（ ）。

A. 推动健全完善三方机制

B. 推动拓展参与三方机制工作的范围

C. 推动制定和完善劳动法律法规和政策

D. 推动加强劳动关系协调机制建设

E. 参与协调解决劳动关系领域重点难点问题

64. 在和谐劳动关系创建活动发展过程中，政府、工会下发的重要文件主要有（　）。

A.《关于开展创建劳动关系和谐企业活动的意见》

B.《全国和谐劳动关系创建示范活动工作方案》

C.《全国和谐劳动关系创建活动表彰工作方案》

D.《关于推进新时代和谐劳动关系创建活动的意见》

65. 企业创建和谐劳动关系的重点内容包括（　）。

A. 充分发挥党组织在和谐劳动关系创建活动中把关定向、团结凝聚各方力量的作用

B. 全面落实劳动合同、集体合同制度

C. 布局劳动关系基层公共服务站点

D. 建立企业劳动争议调解委员会

66. 工业园区、街道（乡镇）创建和谐劳动关系的重点内容包括（　）。

A. 健全工业园区、街道（乡镇）党委领导的构建和谐劳动关系工作机制

B. 建立健全劳动关系协调机制、矛盾调处机制、

权益保障机制

C. 加强劳动保障法律宣传、用工指导服务，搭建劳动关系双方沟通协调平台，及时预防化解劳动关系矛盾

D. 布局劳动关系基层公共服务站点

67. 企业创建和谐劳动关系标准包括（　）。

A. 企业党组织健全，在创建活动中组织、宣传、凝聚、服务职工的职能作用发挥充分

B. 以职工代表大会制度为基本形式的企业民主管理制度健全

C. 企业劳动争议调解委员会机构健全、制度完善

D. 职工培训制度健全

E. 职工满意度较高

68. 工业园区、乡镇（街道）创建和谐劳动关系标准包括（　）。

A. 工业园区、乡镇（街道）党委领导的构建和谐劳动关系工作机制健全

B. 辖区内企业用工管理普遍合法合规，基本达到创建标准

C. 辖区内企业普遍建立以工资集体协商为重点的集体合同制度

D. 依法建立工会组织、企业代表组织以及劳动争议调解组织

E. 成立厂务公开协调领导机构，辖区内企业普遍建立以职工代表大会为基本形式的企业民主管理制度

69. 对创建活动实施动态管理的措施包括（　）。

A. 建立创建单位定点联系培育机制

B. 健全创建示范单位的动态退出机制

C. 国家协调劳动关系三方定期组织对全国和谐劳动关系创建示范单位交叉互检

D. 形成协调劳动关系三方评审为主、社会评估为补充的和谐劳动关系评审评估机制和规范统一的综合评价体系

70. 创建和谐劳动关系活动的工作要求包括（　）。

A. 强化组织领导　B. 强化责任传导

C. 强化服务指导　D. 强化检查督导

E. 强化宣传引导

71. 创建活动要强化组织领导，在党委、政府的统一领导下，健全组织领导机制，推动形成（　）领导、（　）负责、（　）协同、（　）参与、（　）保障的工作格局。

A. 党委　B. 政府

C. 社会　D. 企业和职工

E. 法治

72. 扩大创建活动社会影响力的方式包括（　）。

A. 组织业务技能竞赛　B. 举办巡回演讲

C. 设立宣传月　D. 拍摄专题片

73. 社会救助是国家通过国民收入再分配，对因（　）或者其他原因而无法维持最低生活水平的社会成员给予必要的物质帮助或精神救助，以维持其基本生活需求的一种社会保障制度。

A. 个人 B. 家庭

C. 自然 D. 社会

74. 社会救助体系主要包括（ ）等内容。

A. 城市居民最低生活保障制度

B. 农村居民最低生活保障制度（农村五保供养和农村特困救助）

C. 城乡医疗救助制度

D. 临时救济制度

E. 社会互助制度

75. 狭义的社会福利是指政府和社会向老年人、儿童、残疾人等社会中特别需要关怀的人群提供必要的社会援助，以提高他们的生活水准和自立能力，主要包括（ ）等。

A. 老年人福利 B. 妇女福利

C. 儿童福利 D. 青少年福利

E. 残疾人福利

76. 改革传统社会救济政策，建立居民低保制度有着深刻的经济社会背景。一是（　）。二是（　）。三是（　）。

A. 市场经济体制的确立，导致大量失业下岗人员生活困难，城市贫困人口迅速增加

B. 收入差距拉大，相对贫困问题日益突出

C. 传统社会救济方式不能满足困难群众日益增长的救助需求

D. 适应经济体制改革和社会发展的需要

77. 在城乡低保之外，民政部努力推动五保供养、（　）等救助制度的发展，着力为困难群众打造一张能够保障其基本生活的社会安全网。

A. 医疗救助　　B. 住房救助

C. 教育救助　　D. 临时救助

E. 社会互助

78. 临时救助制度指国家对遭遇（　）或其他特殊原因导致基本生活陷入困境，其他社会救助制度暂时无

法覆盖或救助之后基本生活暂时仍有严重困难的家庭或个人给予的应急性、过渡性的救助。

A. 突发事件　　B. 意外伤害

C. 重大疾病　　D. 交通事故

79. 工会帮扶工作的具体内容主要有（　）。

A. 生活救助　　B. 医疗救助

C. 就业救助　　D. 助学救助

E. 法律援助

80. 2018 年 10 月 29 日，习近平总书记在同全国总工会新一届领导班子成员集体谈话时强调："要做好城市困难职工解困脱困工作，及时做好因各种原因返贫致困职工的帮扶救助，为广大职工提供具有工会特点的（　）服务。"

A. 普适性　　B. 普惠性

C. 常态性　　D. 精准性

81. 以下属于工会帮扶工作意义的是（　）。

A. 工会帮扶工作是党的群众路线的具体体现，是

工会作为党联系职工群众的桥梁纽带作用的有效形式

B. 工会帮扶是维护职工劳动经济权益、构建和发展和谐劳动关系的客观需要

C. 工会帮扶工作是我国工人阶级互助友爱传统的继承和发扬，是工会落实党的全心全意依靠工人阶级方针的重要举措

D. 工会帮扶工作是工会工作的重要内容，是工会参与加强和创新社会管理的重要载体

82. 以下属于工会帮扶工作的扩展的是（　）。

A. “农民工有困难找工会”

B. “共同约定行动”

C. “千万农民工援助行动”

D. “家政服务工程”

83. 2011年“两节”送温暖活动，全国总工会明确提出“三个面向”，即面向（　）、面向（　）、面向（　）。

A. 广大职工　　B. 先进模范人物

C. 困难职工群体　　D. 农民工群体

84. 工会帮扶工作的主要做法有（　）。

A. 参与政策研究制定　　B. 保障基本生活

C. 开展助学活动　　D. 大力促进就业

E. 维护合法权益

85. 习近平总书记在全国脱贫攻坚总结表彰大会上深刻指出："脱贫攻坚战的全面胜利，标志着我们党在团结带领人民创造美好生活、实现共同富裕的道路上迈出了坚实的一大步。同时，脱贫摘帽不是终点，而是新生活、新奋斗的起点。（　）仍然任重道远。"

A. 解决发展不平衡不充分问题

B. 缩小城乡区域发展差距

C. 实现人的全面发展

D. 全体人民共同富裕

E. 全面实现社会主义现代化

86. 党的二十大报告中明确提出“增进（　），提高人民（　）”，要聚焦人民群众急难愁盼的实际问题，紧紧抓住人民最关心最直接最现实的利益问题，实现好、维护好、发展好最广大人民根本利益，不断实现人民对（　）的向往。

A. 民生福祉　　B. 生活品质

C. 生活水平　　D. 美好生活

87. 以下属于“四个不脱”要求的是（　）。

A. 脱困不脱责任，防止松劲懈怠

B. 脱困不脱政策，防止急刹车

C. 脱困不脱帮扶，防止一撤了之

D. 脱困不脱监管，防止贫困反弹

88. 对“农民工”的历史称谓包括（　）。

A. “外卖小哥”　　B. “打工仔”

C. “外来妹”　　D. “进城务工人员”

89. 农民工称谓的转变过程，展现了社会对农民工态度的哪些变化：（　）。

A. 从平等对待到区别对待的转变

B. 从冷漠、歧视到尊重、深切同情和关怀的转变

C. 从排斥、限制到合理引导与为之服务的转变

D. 从二元分割走向合一的转变

90. 县域农民工市民化质量提升行动的工作任务包括（　）。

A. 多措并举稳定和扩大县域就业岗位

B. 大规模开展农民工职业技能培训

C. 强化农民工劳动权益保障

D. 加强县域公共服务供给

E. 提升基层服务农民工能力

91. 关于我国农民工现状，以下说法正确的是（　）。

A. 农民工总量增加，本地农民工增速高于外出农民工

B. 男性和有配偶的农民工占比均有所上升

C. 农民工平均年龄继续提高

D. 在第三产业就业的农民工比重有所上升

92. 我国农民工工作取得显著工作成效，主要表现在（ ）。

A. 农民工就业创业保持稳定并进一步扩大

B. 农民工劳动保障权益维护稳步推进

C. 农民工市民化水平不断提升

D. 农民工社会融合程度不断提升

E. 农民工工作基础进一步夯实

93. 农民工就业创业保持稳定并进一步扩大，主要表现在（ ）。

A. 大力促进农民工多元化就业创业

B. 大规模多渠道开展农民工职业技能培训

C. 新冠肺炎疫情期间保障农民工就业

D. 积极推进脱贫攻坚

94. 农民工劳动保障权益维护稳步推进，主要表现在（ ）。

A. 加大农民工工资清欠力度

B. 加强农民工用工管理

C. 加强农民工健康保护

D. 农民工在城镇落户有序推进

95. 我国农民工工作面临着哪些历史机遇：（　）。

A. 以习近平同志为核心的党中央高度重视农民工工作，为工会开展农民工工作提供了强有力的政治支持

B. 一系列重大国家战略相继实施，为农民工发挥主力军作用提供了广阔平台

C. 农民工市民化扎实开展，为农民工享受均等化公共服务提供了制度保障

D. 产业工人队伍建设改革向纵深推进，为提高农民工经济社会地位提供了强大动力

96. 相比起第一代农民工，以“80后”、“90后”为代表的新生代农民工已成为农民工队伍的主力军，他们的主要特点有（　）。

A. 对农村和土地的依恋更少

B. 更加注重自我价值的实现

C. 利益诉求开始从追求生存权益向追求发展权益转变

D. 愿意通过加班来增加收入

97. 工会为“三新”领域的农民工做好服务，面临的挑战主要有（　）。

A. 他们除了具备农民工群体的共性外，还要受平台约束影响

B. 平台企业在制定直接涉及劳动者切身利益的规章制度时，很少与劳动者协商

C. 劳动者对平台不加核实随意罚款、派单不公平等问题缺少有效的诉求表达通道

D. 新就业形态的法律法规还不完善

98. 继续深入推进“八大群体”入会集中行动，按照“资源整合、以点带面、分类施策”的思路，推行人员集中（　）、骨干企业（　）、依托行业（　）、小微企业和灵活就业人员（　）的建会入会模式。

A. “单独建”　　B. “牵头建”

C. “推动建”　　　　D. “社区兜底建”

99. 以高质量技能培训为突破口，全面提升服务农民工的质量，具体措施包括（　）。

A. 以国家重大战略、重大工程、重点产业特别是制约企业发展的“卡脖子”技术为主攻方向，广泛深入持久开展多种形式的劳动和技能竞赛

B. 积极承接政府转移的公共服务，吸引社会力量承办工会服务农民工项目

C. 继续做好工会为农民工服务工作的终端载体建设

D. 借助职业教育资源，强化技能培训，提升农民工的职业技能素质

100. 当今世界正面临百年未有之大变局，国际经贸摩擦、新一轮科技革命、产业转型升级、新冠肺炎疫情等因素都对农民工的技能素质提出了更高要求，也对工会农民工工作提出了更高要求。在此背景下，必须着重加强（　）的前瞻性研究。

A. “三新”领域劳动者权益维护

B. 疫情对农民工就业形态的冲击与应对

C. 数字经济时代农民工职业技能提升

D. 农民工需求层次的提高与工会应对

参考答案

一、单项选择题

1. C	2. D	3. A	4. C	5. C
6. A	7. A	8. D	9. C	10. B
11. D	12. D	13. A	14. D	15. D
16. A	17. C	18. B	19. A	20. C
21. A	22. B	23. D	24. D	25. B
26. A	27. D	28. C	29. B	30. C
31. B	32. D	33. D	34. A	35. C
36. C	37. B	38. D	39. A	40. C
41. B	42. C	43. C	44. D	45. B
46. D	47. C	48. D	49. A	50. A
51. A	52. D	53. D	54. C	55. A
56. B	57. C	58. D	59. D	60. B
61. A	62. C	63. D	64. C	65. C

66. B	67. B	68. A	69. B	70. D
71. B	72. B	73. D	74. A	75. C
76. B	77. D	78. A	79. B	80. B
81. C	82. D	83. B	84. B	85. A
86. B	87. D	88. B	89. B	90. D
91. C	92. D	93. B	94. A	95. A
96. C	97. D	98. B	99. B	100. A
101. D	102. C	103. D	104. C	105. B
106. B	107. A	108. D	109. B	110. C
111. D	112. D	113. B	114. B	115. D
116. A	117. C	118. C	119. A	120. B
121. D	122. C	123. A	124. B	125. C
126. B	127. B	128. D	129. C	130. C
131. A	132. D	133. B	134. B	135. C
136. A	137. D	138. D	139. B	140. C
141. B	142. A	143. D	144. C	145. C
146. B	147. B	148. C	149. A	150. B
151. D	152. C	153. C	154. B	155. C

156. D	157. D	158. C	159. A	160. C
161. C	162. B	163. C	164. A	165. C
166. D	167. A	168. C	169. D	170. C
171. C	172. B	173. C	174. B	175. B
176. A	177. A	178. B	179. D	180. B
181. C	182. D	183. D	184. B	185. A
186. B	187. C	188. C	189. A	190. D
191. D	192. D	193. B	194. C	195. B
196. A	197. C	198. C	199. A	200. B

二、多项选择题

1. ACD	2. ABCD	3. ABCD	4. ABC	5. ABCD
6. BC	7. ABD	8. ABCD	9. ABCD	10. CD
11. BC	12. ACD	13. ABCDE	14. ABCDE	15. ABC
16. BCD	17. ABCDE	18. ABCDE	19. ABC	20. ABD
21. BCD	22. ABC	23. ABCD	24. ABCDE	25. ABCD
26. ACDE	27. ABCD	28. ABCD	29. ABC	30. ABCD
31. BCD	32. ABD	33. BCD	34. BCD	35. ABCD
36. ABCDE	37. ABC	38. ABD	39. ABCD	40. ABCD
41. ABCD	42. CD	43. ABCD	44. BCD	45. ABCD
46. ABCD	47. ABC	48. ABCDE	49. BC	50. ABCD
51. BCD	52. ABCDE	53. ABD	54. ABCD	55. ABCDE
56. ABCD	57. ABCDE	58. ABC	59. ABD	60. ABCD
61. ABCD	62. ABCDE	63. ABCDE	64. ABCD	65. ABD

66. ABCD	67. ABCDE	68. ABCDE	69. ABC	70. ABCDE
71. ABCDE	72. ABCD	73. ABCD	74. ABCDE	75. ABCDE
76. ABC	77. ABCD	78. ABC	79. ABDE	80. BCD
81. ABCD	82. ABCD	83. ABC	84. ABCDE	85. ABCD
86. ABD	87. ABCD	88. BCD	89. BCD	90. ABCDE
91. AC	92. ABCDE	93. ABCD	94. ABC	95. ABCD
96. ABC	97. ABCD	98. ABCD	99. ABCD	100. ABCD